HYPOTHESEN & WEISHEITEN

Oliver Haag

Über den Autor

Oliver Haag

Jahrgang 1965

Medizinischer Qi Gong Trainer M.Q.T.

Systemischer Fachberater

Reiki Meister

Personal Trainer Energiearbeit

Mehr über den Autor erfahren Sie hier:

https://www.chi-lebensenergie.de

Weitere Bücher des Autors:

Modernes Qi Gong

Mein Freund Jack

HYPOTHESEN & WEISHEITEN

Oliver Haag

50 Botschaften für
das
Lebensmosaik

© 2021 Oliver Haag

Verlag & Druck: tredition GmbH, Halenreie 40-44, 22359 Hamburg

ISBN
978-3-347-36433-2(Paperback)
978-3-347-36434-9(Hardcover)
978-3-347-36435-6(e-Book)

Bibliografische Informationen der Deutschen Nationalbibliothek:
Die Deutsche Nationalbibliothek verzeichnet diese Publikation in der Deutschen Nationalbibliografie; detaillierte bibliografische Daten sind im Internet über http://dnb.dnb.de abrufbar.

Während meiner Reise zum Sinn des Lebens habe ich regelmäßig und intuitiv einfache Weisheiten und Hypothesen empfangen. Ob das die sogenannten Küsse einer Muse waren, oder Botschaften von einer übergeordneten Informationsebene, oder einfach nur zufällig meinem eigenen Geist entsprungen sind… Wer weiß das schon, aber mein Gefühl sagt mir, dass diese Weisheiten und Hypothesen hinaus in die Welt gebracht werden sollen.

Oliver Haag

EWIGER FRIEDEN

WIRD KOMMEN,

SOWIESO.

GLAUBE KANN
ENERGIE
IN BEWEGUNG
SETZEN,
DANN KANN
DIE MACHT
DER
WAHRHAFTIGKEIT
ENTSTEHEN.

DAS LEBEN IST
EIN
SO GUTER
LEHRER.
WENN AUCH
MANCHMAL
SEHR STRENG
UND FORDERND.

SOLL ETWAS
WACHSEN,
DANN GIB IHM DIE
NÖTIGE
AUFMERKSAMKEIT!
SCHONMAL
PROBIERT?
LASS DICH
ÜBERRASCHEN...

AN DEN
UNMITTELBAREN
KONSEQUENZEN KANN
MAN OFT NICHT
ERKENNEN, OB EINE
ENTSCHEIDUNG
RICHTIG ODER FALSCH
WAR.
ERST DIE ZUKUNFT
UND DIE
ENTWICKLUNG IM
FLUSS DES
LEBENS ZEIGEN DIR
DIE KONSEQUENZEN
FÜR DICH IN DEINEM
LEBENSMOSAIK.

SCHWARZ ODER WEISS, DIE BUNTEN WAHRHEITEN LIEGEN OFT DAZWISCHEN.

SCHATTEN KANN MAN
AUCH
BEWUSST
HERVORRUFEN
UM DER SICHT EINE
ANDERE
PERSPEKTIVE ZU GEBEN,
ODER EINE BESONDERE
STIMMUNG ZU ERZEUGEN.
DAS IST OFTMALS WICHTIG,
ABER NICHT IMMER.
BESONDERS DANN, WENN
DADURCH ANDERE
MENSCHEN INS FALSCHE
LICHT GERÜCKT WERDEN.

EIGENTLICH
WOLLEN
WIR DOCH ALLE
NUR
DASSELBE...
NICHTS
ANDERES IST
VON
BEDEUTUNG.

DAS LEBEN AN
SICH
IST EIN
UMWEG,
DAMIT WIR
LERNEN
UND DARAN
WACHSEN.

NEUE WEGE GEHÖREN ZUM PERMANENTEN FLUSS DES LEBENS.

HOFFNUNG
MONAT ZU MONAT
TAG ZU TAG

...

TROTZDEM IST HOFFNUNG EINE GUTE WAHL.

DAS LEBEN IST DAS
BESCHREITEN DER
TREPPENSTUFEN ZUM
HIMMEL.
WAS MAN DAZU
GLAUBT IST JEDEM
SELBST ÜBERLASSEN,
ABER DEN WEG
AUF DEN STUFEN
DES LEBENS SOLLTE
MAN SO GUT
ES GEHT GENIEßEN.

DIE SONNE SCHEINT IMMER, AUCH DANN WENN WIR SIE NICHT SEHEN KÖNNEN.

DER KEIM DER
LIEBE
IST IN UNS
ALLEN.
NÄHRE IHN
UND
ER WIRD
WACHSEN.

OFTMALS SUCHEN
MENSCHEN
DEN KONTAKT, WENN SIE
ETWAS VON DIR
BRAUCHEN,
ODER SICH EINEN
VORTEIL
FÜR SICH ERHOFFEN.
DAS IST SCHADE, ABER
AUCH OKAY.
ALLE KONTAKTE
SIND
WERTVOLL UND EINE
BEREICHERUNG IN DEINEM
LEBENSMOSAIK.

BEI ALL DEN 'BAD NEWS'
UND KONTROVERSEN
MEINUNGEN,
ERKENNTNISSEN
EMPFEHLUNGEN UND
AUSSAGEN
SOLLTEN WIR DENNOCH
ZUSAMMENHALTEN.
AUCH WENN DAS
BISWEILEN
SCHWERFALLEN
KANN.

DAS LEBEN BESTEHT
AUS PERMANENTEN
VERÄNDERUNGEN,
GROßE UND KLEINE.
AUCH DIE
JEWEILS
AKTUELLE
NORMALITÄT
MACHT DA
KEINE
AUSNAHME.

FRÜHLING.
DAS LEBEN HAT
SO VIELE
FARBEN,
AUCH DIE NATUR WIRD
WIEDER MEHR
FARBENBRACHT
BRINGEN.
SCHÖN ZU WISSEN,
DASS ES IMMER
WIEDER
EINEN FRÜHLING
GIBT.

AUS DER MITTE
DES NICHTS IST
ALLES
ENTSTANDEN.

ALLES IM
UNIVERSUM IST
IN DER MITTE.

AUCH STURM
UND
REGEN
GEHÖREN ZUM
LEBEN.
DANACH FOLGEN
DIE RUHE
UND
DAS
WACHSTUM.

DAS LEBEN
IST EINE
GEMEINSAME
REISE,
DARAN SOLLTEN
WIR
DENKEN.

EIN GUTER
LEHRER
KANN DIR
VERSCHIEDENE
WEGE ZEIGEN.
DEINEN EIGENEN
WEG
MUSST DU
ALLEINE
FINDEN.

LIEBE
IST DIE
UNIVERSELLE
MACHT.

DER SINN
DES
LEBENS
IST
NICHT
NACH DEM
SINN
ZU
SUCHEN.

WISSEN KANN
WAHRHEITEN
SCHAFFEN,
EBENSO ABER
AUCH
UNWAHRHEITEN.

GEHE ZUERST AUF
DIE SUCHE
NACH DEINEM
INNEREN LICHT.
DU MUSST NICHT
LANGE SUCHEN
MÜSSEN, DANN
LASS ES NACH
AUSSEN SCHEINEN.

In die Welt reingeboren
Mit Gebrüll und Geschrei
Seine Sterne am Himmel
Waren dabei

Sein Auftrag war Liebe
Freiheit und Tod
Auf Ihn gewartet
Herzen in Not

Liebe bekommen
Liebe gegeben
Viele Gesichter
So war sein Leben

Er wurde verraten
Aus Gier um das Geld
Von Freunden betrogen
Doch er war ihr Held

Am Ende des Lebens
Nach tausenden Toden
Am Kreuz dann gestorben
Die Seelen sind frei

In die Welt reingeboren
Mit Gebrüll und Geschrei
Am Kreuz dann gestorben
Die Seelen sind frei

Ich bin der der ich bin

ABSCHIED
NEHMEN
IST OFTMALS
SCHWER
UND DENNOCH
GEHÖRT
ES ZUM
LEBEN DAZU.
GENIESSE DEIN LEBEN
MIT ALL SEINEN
FACETTEN,
DENN ES IST
ENDLICH.

DAS LEBEN
SERVIERT
UND DU MUSST
NEHMEN WAS
DU BEKOMMST,
AUCH WENN DU
ES
NICHT BESTELLT
HAST.

ALLES WOVOR
DU ANGST HAST
WIRD STÄRKER.
GEHE BESSER
MIT
HOFFNUNG,
MUT
UND
ZUVERSICHT.

ES GIBT VIELE
WEGE
SICH SEINER
SEELE
BEWUSST ZU
MACHEN.
HAST DU DEN
WEG
GEFUNDEN, DANN
KOMMST DU
ZUR QUELLE.

ALLES LEBEN IST EIN
WUNDER, WEIL ES
ENTSTEHT (NEUTRALE
ENERGIE).
MANCHMAL BRINGT
ES LICHT,
ABER MANCHMAL
AUCH SCHATTEN
HERVOR.
DAS IST DIE
SCHÖPFUNG UND
SCHÖPFUNG IST
EINE ENTSCHEIDUNG
(POLARE ENERGIE).

HINTER EINER
SCHEIBE
HAT DIE SONNE
NICHT
IHRE GANZE
KRAFT.
ÖFFNE DEIN
FENSTER.

GUT ODER BÖSE,
WIR HABEN DIE
WAHL,
DESHALB SIND WIR
HIER.
DIE
WAHLMÖGLICHKEITEN
SIND DAS SPIEL
ZUR ENTWICKLUNG
DER
SEELEN.

ALLE SEELEN
MÜNDEN
IN DEN
SCHOSS DER
EINEN
GROSSEN
SEELE.

INNERER FRIEDEN, SANFT UND DOCH SO MÄCHTIG.

VIEL PASSIERT.
MAN NENNT ES
LEBEN.
GENIESSE
DEINEN
WEG.

AUS DER MITTE HERAUS KANNST DU AM BESTEN HANDELN.

GEHE STETS MIT
OFFENEM HERZEN
VORAN UND
BENUTZE DIE
SCHÖPFERKRAFT
DES VERSTANDES,
DANN WIRST
DU AUCH
IN SCHWIERIGEN
ZEITEN
WEITERKOMMEN.

DER MENSCH ENTSCHEIDET, SÄT UND ERNTET.

DIE NATUR IST UNTERTAN, ABER AUCH DER GROSSE LEHRER.

DIE SEELE IST
DER WÄCHTER
ÜBER GEIST
UND KÖRPER.
SIE GIBT DIR
RECHTZEITIG
ZEICHEN.

DEIN HASS,
DEIN NEID,
DEINE GIER,
WIRKEN WIE
GIFT IN DIR.
WILLST DU
WIRKLICH
DAVON
TRINKEN?

DU WILLST
DAS PARADIES
UND DIE
ERLEUCHTUNG?
DAS MUSS
WARTEN BIS
DIE UNENDLICHE
ZEIT DAFÜR
GEKOMMEN IST.
BIS DAHIN
SAMMELST DU
VIELE
ERFAHRUNGEN.

DRUCK VON
AUSSEN WIEGT
SCHWER.
DEIN EIGENER
DRUCK WIEGT
SCHWERER.

WAHRHEIT
IST AUCH
IMMER DIE
FRAGE
DES
BLICKWINKELS.

DU BRAUCHST
DAS LEBEN
NICHT
ZU SUCHEN,
NIEMALS.
ES IST
IMMER
DA, SOGAR
IN DER STUNDE
DES TODES.

DEIN
LEBENSMOSAIK
SOLL DIR
FRIEDEN
UND
FREUDE
BRINGEN.

HOFFNUNG,
LIEBE
UND
ZUVERSICHT
TUT ALLEN
MENSCHEN
GUT,
IMMER.

LIEBE
SPALTET NICHT.
LIEBE
IST DIE
ENERGIE
DIE ALLES
MITEINANDER
VERBINDET.

Kontakt

Oliver Haag

E-Mail: o.haag@gmx.net

DANKE AN DIANA
FÜR
DIE SCHAMANISCHEN REISEN

ENERGIE
FOLGT
DER
VORSTELLUNGSKRAFT

Zeitfracht Medien GmbH
Ferdinand-Jühlke-Straße 7
99095 Erfurt, Deutschland
produktsicherheit@kolibri360.de